D1731794

Eva-Maria Berg   M E N S C H E N E N G E

für Kathrin
mit meinem Dank
für die Auseinandersetzung
mit den Gedichten
alles Gute - herzen
Eva-Maria Berg

Eva-Maria Berg

MENSCHENENGE

Drey-Verlag

als geduld ein fremdwort war

jetztzeit

noch einmal kräht der hahn
und morgen ist schon jetzt
am fenster fliegt
ein hut vorbei kopflos
passt auch das federkleid
zu schuhen ohne fuß

erneut

es ist nun nicht der erste herbst dem wir den
sommer streichen zu grell erschien das obst erneut um noch für ernte gut zu sein farbig genug
dreht sich das blatt es mit ihm aufzunehmen fällt
laub bald früher als das licht verblasst so leicht
kam wind noch nie ins spiel und deckt die ziegel
auf die bislang lücken überbrückten um menschen
warm zu halten zwischen den wänden kellern sie
sogar die hitze ein als sei der winter schon in
sicht

um glück

als geduld ein fremdwort war legten wir patience
zu zweit immer länger ging das spiel ohne ende
zogen wir karten um uns ruhig zu stellen war der
tisch schon überfüllt flogen bube dame könig von
der kante auf die stühle setzten dort die regeln
fort sammelten die höchsten punkte reihten sie
unter ihr ass bis wir selbst das maß verloren und
der raum in blättern schwamm ließen wir das warten fallen um dem glück zuvorzukommen

zum vorschein

die erde wird abgeklopft vielleicht liegt ein erbe
zugrunde die schlangenhaut der das gift entrann
der pelz aus eis in der hitze verscharrt regelmäßig
finden die bohrungen statt ein nachbar sucht halt
auf vibrierendem stein wann sind die flächen
durchforstet jemand legt das ohr an den boden
vielleicht wird eine ader getroffen kommt nur
wasser zum vorschein dringt eine rostige klinge
durch kacheln führt ein gang aus dem viertel in
die gemächer der ahnen ein kind hebt die augen
durch die klirrenden scheiben lässt es die wün-
sche frei

er bild
sie wort
dazwischen
glas zu beider
schutz entspiegelt

zum Inbegriff des Wartens

die kleine hölzerne Regentropfensammelrinne mit
der kreisrunden ausgewaschenen Vertiefung die
sich nach außen öffnet für den Abfluss einer
Wasserspur die in das Innere des Zimmers über
die Fensterbank bei Wind den schmalen Luftzug
bläst im Sommer Fön im Winter Eiseskälte so
dass ein Lappen Stoff ein Wollrest in ein dichtes
Stück verstrickt die Öffnung abdeckt und den
Hauch erstickt vor den kein Zeigefinger mehr die
Kuppe presst die kleine Rinne bildet die Erinnerung an Rahmen die aus ihr hervorzuwachsen
scheinen und Glas umschließen durch das der
Blick bei jedem Wetter fällt die Straße hin und
herfährt immerzu auf der Lauer nach einem Wa-
gen in bestimmter Farbe mit zwei Köpfen hinter
der Windschutzscheibe beim Näherkommen er-
sichtlich Mann mit Hut und Frau mit Lockenkranz
nebeneinander auf dem Weg nach Hause in ein
Haus das eine kleine hölzerne Regentropfensammelrinne für das Kind zum Inbegriff des Wartens macht

Du redest

Du redest im Schlaf. Mein Kind redet im Schlaf.
Du redest und ich halte mein Ohr an deinen Mund.
Die Laute gehören zu deiner Stimme. Ich weiß genau,
sie kommt aus deinem Mund.
Die Stimme ohne jede Satzmelodie.
Als müsstest du immer den gleichen Ton halten.
Du wendest dich ab. Mein Kind wendet sich ab.
Es schützt sein Ohr mit der flachen Hand.
Und es spricht. Nicht zu mir. Nicht zu sich selbst.
Zu einem Gespinst, das den Worten ihren Sinn nimmt.
Du redest ununterbrochen.
Meine Zärtlichkeiten beunruhigen dich.
Und du wirst still.

Am Morgen willst du vieles wissen.
Mein Kind stellt mir Fragen.
Ich kann keine Ausreden für dich finden.

die zeichensprache der jüngsten lautmalerei hat
ihre eigene grammatik ohne anhaltspunkt und bin-
destrich verknüpft sie den augenschein mit dem
universum ihres empfindens zur wiedergabe einer
neuen erkenntnis von unsäglichem vertrauen in das
vorhandensein menschlichen gehörs

am morgen

manchmal schwimmt
eine insel durchs auge
und spült etwas
sand in den schlaf
am morgen ist
das lid entzündet
und die sonne
geht später auf

um diese zeit

wie mag es dir gehen in solchen wintertagen steht
vielleicht alles kopf sogar das holz im kamin ver-
kohlt zu eis und die robusten menschen stecken
sich an bei den sterbenden die katze trägt dennoch
ihr dünnstes fell unterm schnee verliert sich kein
schlüssel es klingt nach noten im mund eines kin-
des klappern die zähne den rhythmus des wartens

plapperlapapp

plapperlapapp

siehst du die lampe scheint glühend so schwarz mit
versengten augen brennen sich punkte ins buch ein
neues alphabet blättert durch die seiten als sei zu
verstehen woran sie denken reißen die fäden zwischen den menschen werden die enden verknotet
zu plapperlapapp

Farbtöne im Raum

Zwei Personen im Raum. Sie kennen sich. Gegenseitig. Stellen einander keine Fragen. Stellen sich selbst zur Rede. Hören sich beide sprechen, hören nur sich. Rollen die Geschichten auf, die sie zusammenführen, legen die Schnittpunkte bloß, die inzwischen nebeneinander verlaufen. Legen die Hände flach um Tischkanten, verfolgen die glatte Maserung des Holzes mit den Augen. Mustern die Gläser, schenken sich gegenseitig nach, bevor die Neige geleert ist. Sprechen am Ende von Morgen. Sehen sich an und haben das Gras vor Augen, das über alles wächst, ihnen Grünschimmer ins Gesicht legt, bis irgendwann ein paar Blüten hervorbrechen, die ihnen neue Farbe geben werden. Abschließend das Schulterklopfen zur Bereinigung von Spuren, die zu ihrer Herkunft zurückführen.

versuch

warum singt der vogel nicht mehr ist es das alte lied
ohne noten und takt einfach nur aus vollem hals
geschrieen mit verschlossenem schnabel zu laut
mit aufgerissenen augen zu leise um einer melodie
zu gleichen der versuch die flügel zu schlagen im
kreis

noch immer mühe
zwischen stühlen
den abstand endlich
klarzustellen und
jede lücke frei
zu halten um
raum zu geben
dem was fehlt

zur beruhigung

es könnte ja sein
dass gehölz
wieder ausschlägt
leise und lindgrün
um die axt
zu beruhigen

von zeit zu zeit

manchmal erreicht sie noch eine nachricht die töd-
lich genug scheint für die verbreitung zwischen zwei
gängen den bildschirm durchkreuzend als sähen die
esser was gerade läuft manchmal verdirbt sie den
appetit auf den nachtisch senken sie ihre augen
entgeistert über die anhaltende störung der mahlzeit

wochenende

wenn schon wieder die sorgen des alltags zur sprache kommen und ein wochenende hilft vom
schlimmsten abzuschalten kann doch nicht die rede
sein vom baldigen untergang einer welt die sich mit
so vielen menschen dreht zwar um die eigene achse
aber schnell genug für tag und nacht wechselnde
jahreszeiten wo wärme und kälte ein thema sind
ließe es sich sicher auch schützen vor krankheit und
erschöpfung und selbst vor ausbrüchen warnen mit
großen worten die überall ihre runde machen heilen
trösten und vorsorge treffen ja vorsorge die den
globus in seiner geschwindigkeit bremst so dass
jeder mitkommt der sich aufs hoffen verlegt

um den mantel

sie würfeln jetzt schon um den mantel bevor einer
erliegt und seines fells beraubt zu tode kommt wer
trägt den rock an brust an rücken wer packt zum
schluss den kragen mit spitzen fingern oder klam-
mergriff und hält die beute hoch als sei sie die tro-
phäe des gewinners statt zeichen machtbesesse-
ner krieger an deren händen blut sogar die farbe
wechselt

keine zeit

wir haben keine zeit zu denken in bildern flog sie
längst davon nahm filme mit und leitartikel das
kleingedruckte hochgespielte laufend die welt in
fenstergröße und es genügt leicht sie zu drehen um
uns herum nichts mehr zu sehen als das gezeigte
immer gleiche inhaltsentleerte schnell zerstreute

mehr tauben als dach

als er die erinnerung
bebilderte verlor er seine
sprache und gestikulierte
allein mit den farben
um formvollendung

ins leere

an den silben hat er die story herbeigezogen dunkle
locken um sterbensbleiche wangen nehmen den lip-
pen ihr rot die lache von blut ufert aus in seinem
kopf strömen die menschen zusammen zum schau-
platz des verbrechens treibt es besonders den mör-
der zurück immer wieder sticht er ins leere herz und
kämmt mit den händen strähne um strähne aus seiner stirn um besser zu sehen ob alle spuren ver-
wischt sind streicht auch der autor datum und stun-
de aus seinem text und führt jeden verdacht auf fal-
sche beweise zurück bis er am ende das manuskript
von fingerabdrücken befreit hat und den täter nicht
mehr erkennen kann an seinem schriftzug

ungezähmt

wenn zeit umgestellt ist liest sich der morgen zwei-
mal bis es mittag wird fressen die krähen dir aus
der hand und du lässt deine katzen streunen
schlägst dir die hackordnung aus dem kopf und
schreibst einen steinwurf später von fell und fang

mediterran

mehr tauben als dach
scheuchen die möwen
ins land um ihnen
das meer auszutreiben

gewissheit

wenn eine krankheit zur seuche erklärt wird ist
angst so ansteckend geworden dass sie schlechter
geheilt werden kann als ihre ursache jede wahrneh-
mung verunsichert und ruft einen maßlosen schrecken hervor der den verdacht auf infizierung zu
bestätigen scheint bevor er zerstreut werden kann
sammeln sich alle symptome im kopf ohne den körper erfasst zu haben bringen sie ihn bereits um den
verstand

frühlingsgruß

gesprochen hat er
schon lange nicht mehr
am fenster sitzend
mit glasigen augen
löcher gebohrt
um das eis zu lösen
und den frühling
herein zu lassen

blutarm

zwar liegt das elend auf der straße und klammert
sich an die paar münzen vorübergehend folgt der
atem dem sauren wein in eine pfütze doch springt
erinnerung aus dem müll es war einmal ein hut voll
haare die hände pflegten sich zu schütteln geschäf-
te machten gute miene zu jedem haus passte ein
schlüssel nur liebe gab es nicht umsonst sie raubte
mehr als träume wiegen

bebauungslandschaft

in reichweite ist eine baustelle und gräbt dir das ohr
auf du hörst nun unter und obertöne die dich bei-
nahe zerreißen in keller und dach dabei siehst du
kein einziges fenster mit den flügeln schlagen gegen
das gerüst erscheint ein käfig geräumig was hast du
gesagt vergebens dein bemühen etwas zu verstehen wenn schon steine geklopft und träger ver-
schraubt werden wächst auch die haltbarkeit der
aufgehobenen entfernung trotz lärmschutz verrin-
gert sich höchstens die illusion von einsturzgefahr
auf ein unumstößliches nebenan

am boden

ob er weiterhin offenen auges passanten betrachtet
und gedemütigt ist am boden zu kauern in der uni-
form eines obdachlosen mit kahlem schädel staat-
lich desinfiziert sogar tränen fallen laut anordnung
unters strikte verbot einem anderen menschen das
herz zu erweichen im staub der straße sind selbst
hunde nur köter wo ist wohl seine matte die tüte
zum wechseln der gewohnte mief beim entrollen der
decke leute laufen schneller er lebt ja immer noch
egal wie sein blick hält stand auch wenn ihn maß-
nahmen niederdrücken und zwingen zu bleiben in
der stadt im viertel auffindbar jederzeit

vor dem start

wenn du an turbulenzen
denkst verliert der notausgang
seinen schrecken und stellt dir
in aussicht schwankungen
zu begrüßen als tragflächen
deiner angst

stilllegung

oder heute

alternative heißt das programm im sender springen
die farben durchs nadelöhr und werfen menschen
aus dem fenster zur nächtlichen müllabfuhr heulen
die sirenen das meer ist um die ecke und schäumt
dir den kopf ein ob morgen die haare blau schim-
mern oder heute bereits steht in der röhre wenn
schon nicht in den sternen eine sonne wirft noch
keinen schatten durch den baum fällt licht auf die
straße als sei die laterne hell genug

kurzer prozess

statt preis ein kopf
geld für den fall
des dichters der
nicht reimen will

verfolgt

die luft ist wohl ähnlich schwül heute doch musst du
nicht rennen und den weg hinauf führt längst ein
asphaltierter weg nur die treppe fällt weiter steil
hinab ins meer von oben wo häuser stehen mit ver-
mauerten fenstern gegen den wind und ein turm die
erinnerung umrundet an fernweh und gesperrte
grenzen in welcher sprache verständigt sich die
angst mit jedem wort verfolgt zu werden bis in die
träume hinein auf der suche nach einem anderen
begriff für herzrasen und atemlosigkeit sitzt es sich
heiß in der sonne während die fürbitten noch immer
den verrätern glauben schenken

scheiterhaufen

es kann nicht wahr sein. einige mittelalter liegen
hinter uns. die zukunft ist schon gegenwart. die zeit
der scheiterhaufen ist verlöscht.
hexenverbrennungen an attrappen dienen ge-
schichtlichem wohlgefühl, besserwissender belusti-
gung aus sicherem abstand. im danebenstehen.
neben diesen und jenen. in der masse. schaulusti-
ger. es kann nicht wahr sein. wie auch vor jahrzehn-
ten nicht. die halbe ewigkeit ist uns ganz nahe.
ohne attrappen in großformat und hexenmeistern in
frauenkleidern, die gut zu ängstlichen kindern sind.
auge in auge stehen wir jetzt und einst mit unmas-
kierten. die einen stapel in brand setzen. auf ein
losungswort. wortpyramiden ausräuchern. wir bil-
den einen weiten bogen um die hitze. sehen, dass
alle gesichter rot sind. die augen zu schlitzen ver-
kleinert. und wir umkreisen in einem historischen
film die aufhebung des gedruckten. alles konzen-
triert sich auf den mittelpunkt des geschehens. wir
brauchen keine angst zu haben. wir sind viele, die
in einem großen kreis stehen, unauffällig in der
menge den feuermachern gegenüber.
was ist wahr. die augen brennen. wir sind doch in
der überzahl. den ring enger schließen. schneller.
sie hinterherwerfen. uns über sie. sofern es sein
muss. und die wachen von außen aufrücken.
die buchstaben würden zur sprache kommen. über
das geräusch des feuers hinaus. in abgewandte
ohren dringen. bilder von hexenverbrennungen aus-
merzen. dich und mich in flammen aufgehen lassen.
über die schornsteine brandzeichen zwischen

46

sonne und mond spannen. sterne aufheben hinter
körpern, die in den schmutzigen himmel übergehen.

bescheid

alle wissen bescheid wieder fallen entscheidungen
für diejenigen die ihnen unterliegen immer geht es
um leben akten passen in ordner die wartezeit kann
nicht lange genug sein bleiben dulden verwehren
alle wissen bescheid das ende ist absehbar der himmel trägt schnee die erde macht ihn zu wasser unter
den spuren verrottet leben unter spuren lebt alles
auf

stilllegung

wir gehen immer noch aufrecht. den kopf zwischen
himmel und erde. die augen nach vorn gerichtet.
nichts hat sich greifbar verändert; was blüht, blüht
in farben, die wir kennen; die neue ernte schmeckt
wieder gleich. wir waschen uns weiterhin den
schmutz vom körper; doch keine spülung reinigt
uns unter der haut.
wir. wir. wir. gangart. haltung. kopf. augen. geschmack.
körperpflege und poren. wir beherrschen sechsund-
zwanzig buchstaben, die vertauschbar sind. wie wir
sie auch vertauschen, sie ähneln sich, ohne dass sie
noch einmal die gleichen sein können.
ein bruchteil des alphabets hat die sprache verrückt
gemacht. b, c, e, h, l, n, o, r, s, t, y – ein irrsinn, der
alle möglichkeiten enthält. wenn wir ihn auch zu
zersetzen suchen, er ist unauflösbar. wir verdichten
uns unter seinen lauten. stillschweigend ist jeder
darin enthalten. mit kopf, rumpf und sinnen zeichen
um zeichen. die sprache entfällt, die uns beschützt
hat. angst lässt sich nicht stilllegen.

kopfrund bemessen

berlin gedächtnis

zerstörung haftet
im gedächtnis
wie lückenlos
und gut erhalten
ruine kreuz
mahnmal berlin
zwar überrundet
tag und nacht
vom bayer kruzifix
im kreis am höchsten
aber schraubt ein stern
mercedes in den himmel

zu viel sonne
im auge scheint
die mauer nun bunt
ein relikt an schönheit
vergleichbar mit kunst
erhebt sich die front
der neuen gebäude
als sei aus den trümmern
nie asche geworden
doch phoenix ein vogel
der am leben hängt

Berlin im ohr

I

und wer schreibt von den nachtigallen die ich dort
sogar winters zu hören bekam alle bäume suchte
ich zu erklimmen an lautsprechern ließ ich mich wieder hinab text um text mit ihren stimmen nicht weit
vom schiffbauerdamm entfernt spricht die schnau-
ze berlinerisch auf der bühne stirbt der älteste
mann des theaters im publikum applaudieren die
zungen hurra und er lebe hoch noch ein vorhang die
augen zerreißen programme wort notizen und bilder
wer einmal tot ist singt auch auf der straße so grau
sein gewand mit den flügeln schlagend

II

was du gesehen hast hör ich aus deinen zeilen
nächtlich das lied und bei künstlichem licht trinken
die augen zerlaufenes eis der gehweg ist breiter
und du kommst vorbei an gekrümmten schultern
ohne habseligkeit wild gewesene tiere zu tode
gezähmt in der nähe vom zoo sind die bären bleich
und verniedlicht bezahlbar von eltern für kinder mit
eigenem zimmer

maßarbeit

ikarus weicht keinen millimeter
von seinem mythos ab
und trifft immer wieder
dieselbe absturzstelle
mittlerweile sind auch
die zuschauer geübt
und kommen erst
im letzten augenblick
um dabeizusein wenn
die flügel sich lösen und
körperlos noch etwas
schweben dem rumpfe
langsam hinterher

verfallen

trafen den philosophen an jeder ecke sprach er zu
uns als literat vom teufel und dem lieben gott wollten wir aber nichts hören in der kirche hingen die
fenster schief grau in grau lief die straße durch uns
durch zu seinem grab steuerte der schmutztitel zwischen himmel und hölle die inschrift bei

kunststück

du siehst sie fallen. siehst sie fallen. den kopf voraus. die hände am körper. eine springerin. eine hochseilartistin. ohne netz. ungesichert. pfeilgerade hinab. genau auf den punkt. immer wieder denselben. kopfrund bemessen. den i-punkt des körpers. einer rumpfeslänge vorangesetzt. ihrer rumpfeslänge, die sich verzweigt. gliederpaare entfaltet. zu beiden seiten. schmale flügel. federlos. verkümmert zu stümpfen. du siehst sie fallen. siehst sie fallen. immer wieder von neuem. den kopf voraus. hinein in die rundung. eins mit dem umriss. flach zu boden. hingestreckt wie erschöpft. flugmüde. bedürftig nach ruhe und kontakt. kontakt mit dem boden. bewegungslos.

narren

ein rotes tuch die narren gürtens um den hals von
weitem lockt die farbe blut fließt fasnacht auch am
tage kühlen die masken ihren mut sich selber zu
gefallen springen sie höher als erlaubt schüren sie
neue flammen und hexen mit der alten glut

unter lebenden

auch er war unter den lebenden
ein denkmal bevor er starb
schlug die zweifler mit wortwitz
und legte das ohr an die schiene
um sich auf besucher einzustellen
nahm alle bilder zusammen
doch sich selber aus dem rahmen
der gewohnheit übte lange
zu lachen ohne schmerz zu zeigen
und hob nur den kopf
wenn jemand den abschied
beim namen nannte aber immer
noch blieb als habe er sich versprochen

in memoriam Jean-Pierre Giacobazzi

in der menschen enge

retour

meine schuhe laufen nicht mehr wenn ich die füße
bewege bleiben sie stehen und ich kippe heraus auf
die knie du lachst ja es ist zu komisch und unerklär-
lich überdies in voller länge hinzuschlagen jedes
mal auf die gleiche stelle wie ich auch versuche das
paar leder vom boden zu heben mich endlich zu ent-
fernen es widersteht mir es verharrt auf dem fleck
weder festgeklebt noch angenagelt einfach unver-
änderlich der linke wie der rechte als wollten sie los
und wer sonst wenn nicht ich hindere sie daran wie
kommentierst du doch bei jeder passenden und un-
passenden gelegenheit weil das unbewusste nicht
mitgeht reißen wir uns nicht los

das labyrinth auf kosten
eines orientierungslosen der
mit dem zufall rechnet und
alle fäden für entwirrbar hält

so viel hände
ein mandala
so viel augen

wie haben sie gelacht glockenklar das echo hängt
noch in den bäumen über dem ufer sie lachen das
kind aus der seele als könnten sie springen tauchen
schwimmen eine kür für den westen nichts nen-
nenswertes viel farben viel klang sand staub segen
zerstreuen ihr mandala ein gott hätte helle freude
daran

kein photoshooting aladins wunderlampe könnte
verlöschen im blitzlicht stehen die großen objekte
so golden das horn so hoch oben der halbmond und
kleidung lässt zwar auch den bauch frei tanzen
doch entschleiert nicht die schönheit der frau wenn
sie dem mann folgt kann keine kamera ihren abstand aufheben und es würden viele einstellungen
nötig sein um sie einander näher zu bringen an
einer kreuzung unterwegs in der menschen enge

last minute

sie haben
gleich den flug
gebucht pro koffer
eine eigene
tanne der weihnachts
traum vom süden
kostet nicht
mehr als sonst
das paradies
am strand der christ
baum aufgepflanzt
die palmen
neigen sich
vor ihm

es gibt kein nebelhorn
regen fällt nie
ausnahmsweise skorpione
können fliegen
menschen atmen
unter eis

für Yehuda Hyman

außerplan

vorbei gelandet neben der stadt als sei betreten ver-
boten sehen sie nur in der erinnerung den hafen die
angel ausgeworfen helle freude einmal erloschen
des alten augenlicht bei kerzenschein brennen die
blicke gelb der abflug hebt sie aus den lidern

zeitlupe

während des wartens
nahm sie die zeit wahr
und wünschte sich
in die zukunft
ohne die gegenwart
erleben zu müssen

labyrinth

wer denkt nicht an minotaurus und hat vergessen
das staccatogelächter im film auf fellini zurückzufüh-
ren wenn ein mythos den wir beim namen kennen
beschattet wird durch unsere irdische vorstellung ist
das auge der kamera bei jedem schwenk auf seinen
fersen und wir rasen zugleich seiner angst durch alle
gänge hinterher wo ein irren methode hat sind wir
ohnehin am richtigen platz erinnern uns ein paar
alter wege und übersehen leicht dass sich die räume
ändern sogar einer der zurückzukehren sucht nicht
mehr den gleichen blick besitzt die erfahrung aber
möglichkeiten eröffnen kann

medusa bändigt die frisur

um haupteslänge

medusa bändigt
die frisur auch
wenn die spitzen doppelt
scheinen im spiegel
bricht das licht
den blick auf haut
und haar die schlangen
linien werden gekürzt
um haupteslänge sie
hebt den kopf und sprüht
mit gift in augen
blitzt der schnitt kurz
auf haltbar gemacht
für ihren mythos

hölzern

ein fahrzeug steuert
auf troja zu mit hölzerner
windschutzscheibe
die insassen wiehern

keinen silberling wert

judas hat sich verküsst als der hahn mehrfach kräh-
te lag er immer noch selig im arm der geliebten ver-
schwitzte den preis den er zahlen sollte für reich-
tum statt glück hüpfte spät aus den federn und
konnte kaum glauben ostern war gestrichen

österlich

eine weide für dein lamm es schmeckt nach kräu-
tern zart vor poren brät sich die kruste rosa an und
springt vom teller in den mund mäh mäh die glocken
läuten wieder das fest steht auf vom grab der stein
rollt polternd vor die eigene tür für ostern schmeckt
das tier zu jung in diesem jahr starb es sich früher
es konnte doch nicht länger leben als im kalender
vorgesehen um den zu retten ders gern isst ob er
nun glaubt an die erlösung oder schon hofft aufs
neue opfer das nächstes jahr geboren wird

ankunft

sobald du angekommen bist
geht sisyphos davon
und lässt dir seinen fels zurück

tragweite

türkis statt blau was hat es zu bedeuten der mythos
ist opak so wie in milch verlaufen stürzt nur ein flügel ab der andere gleitet ruhig die mauer weiß ge-
kalkt teilt vielleicht wind und stille

stranden

sie haben das boot
in den sand gesetzt
und bauen sich
eine bleibe an land
wo sie nun warten
auf wellengang

adios

wo tagelang die köpfe heiß vom sonnen eher denn
vom reden ist alles leer kein stuhl besetzt mit roten
wangen lila haut gehen sie fort sind längst davon
und bleiben nur als rechnung hier durchnummeriert
der raum die tische und wer was spricht ist über-
zählig

ob das auge versteinern kann
wenn es lange genug auf
der lava ruht
deren fluss
schon ewig
erkaltet
scheint

gegen das glas

etwas vom wind
bewegt sich
im fenster nicht spürbar
nur mit dem blick
zu erkennen
scheinen die äste wild
auf den tanz
gegen das glas
schlägt der gedanke
mitzuwirken

Anmerkungen

verfolgt „le moulin gris" in Sanary-sur-Mer, 1938-1940 bewohnt von Franz Werfel und seiner Frau Alma Mahler-Werfel – im Exil während der Nazi-Diktatur

scheiterhaufen zur Bücherverbrennung am 10.5.1933

stilllegung zum Unfall im Atomkraftwerk Tschernobyl am 26.4.1986

berlin gedächtnis Gedächtniskirche Berlin

Berlin im ohr I George Tabori (1914-2007): „Gesegnete Mahlzeit", Berliner Ensemble zu seinem Geburtstag, 24.5.2008 (Wieder-)Aufführung dieser, seiner letzten Inszenierung

verfallen „Der Teufel und der liebe Gott", Drama von Jean-Paul Sartre; Friedhof in Paris: cimetière Montparnasse

unter lebenden in memoriam Jean-Pierre Giacobazzi (1941-2007) Maler in Toulon

so viel hände Mandala, hergestellt von tibetischen Mönchen; in Freiburg, Kunstverein Februar 2007

kein photoshooting Istanbul Mai 2008

es gibt kein nebelhorn Begegnung mit Yehuda Hyman (Tänzer, Choreograph, Autor in New York) in Mojácar, Fundación Valparaíso, November 2008

labyrinth „Satyricon" (1969), Film von Federico Fellini

INHALT

als geduld ein fremdwort war 5
jetztzeit 7
erneut 8
um glück 9
zum vorschein 10
er bild 11
zum Inbegriff des Wartens 12
Du redest 13
die zeichensprache 14
am morgen 15
um diese zeit 16
plapperlapapp 17
plapperlapapp 19
Farbtöne im Raum 20
versuch 21
noch immer müde 22
zur beruhigung 23
von zeit zu zeit 24
wochenende 25
um den mantel 26
keine zeit 27
mehr tauben als dach 29
als er die erinnerung 31
ins leere 32
ungezähmt 33
mediterran 34
gewissheit 35
frühlingsgruß 36
blutarm 37
bebauungslandschaft 38
am boden 39
vor dem start 40

stilllegung 41

oder heute 43

kurzer prozess 44

verfolgt 45

scheiterhaufen 46

bescheid 48

stilllegung 49

kopfrund bemessen 51

berlin gedächtnis 53

zu viel sonne 54

Berlin im ohr I, II 55

maßarbeit 56

verfallen 57

kunststück 58

narren 59

unter lebenden 60

in der menschen enge 61

retour 63

das labyrinth 64

so viel hände 65

kein photoshooting 66

last minute 67

es gibt kein nebelhorn 68

außerplan 69

zeitlupe 70

labyrinth 71

medusa bändigt die frisur 73

um haupteslänge 75

hölzern 76

keinen silberling wert 77

österlich 78

ankunft 79

tragweite 80

stranden 81

adios 82

ob das auge 83

gegen das glas 84

© Drey-Verlag 2009

ISBN 978-3-933765-43-7
Lektorat: Markus Manfred Jung
Umschlag: vauwe
Bild ohne Titel von Anja Kniebühler
Herstellung: PanoramaStudio Ltd.
Druck: Todt-Druck, VS-Villingen

Drey-Verlag
Am Buck 2
77793 Gutach

Drey-Verlag.com